I Reuben a'r holl fabanod eraill
R. I.

I Sophia, Zaki, Charlotte a Molly
N. S.

Cyhoeddwyd 2011 gan Wasg y Dref Wen,
28 Heol yr Eglwys, Yr Eglwys Newydd,
Caerdydd CF14 2EA, ffôn 029 20617860.

Cyhoeddiad Saesneg gwreiddiol 2011 gan Bloomsbury Publishing plc,
dan y teitl *Ten Little Babies*
Trosiad gan Mererid Hopwood
Mae'r cyhoeddwr yn cydnabod cefnogaeth ariannol
Cyngor Llyfrau Cymru.

Argraffwyd yn China.

Deg Plentyn Bychan

Ten Little Babies

ROSE IMPEY

Lluniau gan

NICOLA SMEE

Addasiad gan

Mererid Hopwood

DREF WEN

Deg plentyn bychan yn chwarae bnawn dydd Llun,
Deg plentyn bychan yn hapus a chytûn,

Ten little babies on a sunny day.
Ten little babies left on the grass to play.

CRWYDRODD un plentyn bychan

ar ei ben ei hun,

And if one little baby should start to crawl away . . .

Ac mae NAW plentyn bychan ar ôl yn llenwi'r llun.

There'll be nine little babies left on the grass to play.

Naw plentyn bychan yn chwarae bnawn dydd Llun,

Naw plentyn bychan yn hapus a chytûn,

Nine little babies on a sunny day.

Nine little babies left on the grass to play.

CHWYTHWYD un plentyn bychan

ar ei ben ei hun,

And if one little baby should
start to float away . . .

Ac mae wyth plentyn bychan ar ôl yn llenwi'r llun.
There'll be eight little babies left on the grass to play.

Wyth plentyn bychan yn chwarae bnawn dydd Llun,
Wyth plentyn bychan yn hapus a chytûn,
Eight little babies on a sunny day.
Eight little babies left on the grass to play.

LLITHRODD un plentyn bychan

ar ei ben ei hun,

And if one little baby should start to slide away . . .

Ac mae saith plentyn bychan ar ôl yn llenwi'r llun.

There'll be seven little babies left on the grass to play.

Saith plentyn bychan yn chwarae bnawn dydd Llun,

Saith plentyn bychan yn hapus a chytûn,

Seven little babies on a sunny day.

Seven little babies left on the grass to play.

TROTIODD un plentyn bychan

ar ei ben ei hun,

And if one little baby should start to trot away . . .

Ac mae **chwe** phlentyn bychan ar ôl yn llenwi'r llun.

There'll be six little babies left on the grass to play.

Chwe phlentyn bychan yn chwarae bnawn dydd Llun,

Chwe phlentyn bychan yn hapus a chytûn,

Six little babies on a sunny day.

Six little babies left on the grass to play.

HWYLIODD un plentyn bychan

ar ei ben ei hun,

And if one little baby should start to sail away . . .

Ac mae pum plentyn bychan ar ôl yn llenwi'r llun.
There'll be five little babies left on the grass to play.

Pum plentyn bychan yn chwarae bnawn dydd Llun,
Pum plentyn bychan yn hapus a chytûn,
Five little babies on a sunny day.
Five little babies left on the grass to play.

DRINGODD un plentyn bychan

ar ei ben ei hun,

And if one little baby should start to climb away . . .

Ac mae pedwar plentyn bychan ar ôl yn llenwi'r llun.

There'll be four little babies left on the grass to play.

Pedwar plentyn bychan yn chwarae bnawn dydd Llun,

Pedwar plentyn bychan yn hapus a chytûn,

Four little babies on a sunny day.

Four little babies left on the grass to play.

BRYSIODD un plentyn bychan

ar ei ben ei hun,

And if one little baby should start to zoom away . . .

Ac mae tri phlentyn bychan ar ôl yn llenwi'r llun.
There'll be three little babies left on the grass to play.

Tri phlentyn bychan yn chwarae bnawn dydd Llun,
Tri phlentyn bychan yn hapus a chytûn,
Three little babies on a sunny day.
Three little babies left on the grass to play.

NEIDIODD un plentyn bychan

ar ei ben ei hun,

And if one little baby should start to hop away . . .

Ac mae dau blentyn bychan ar ôl yn llenwi'r llun.

There'll be two little babies left on the grass to play.

Dau blentyn bychan yn chwarae bnawn dydd Llun,

Dau blentyn bychan yn hapus a chytûn,

Two little babies on a sunny day.

Two little babies left on the grass to play.

HEDFANODD un plentyn bychan

ar ei ben ei hun,

And if one little baby should start to fly away . . .

Ac mae un plentyn bychan ar ôl yn llenwi'r llun.

There'll be one little baby left on the grass to play.

Un plentyn bychan yn chwarae bnawn dydd Llun,

Un plentyn bychan yn hapus a chytûn,

One little baby on a sunny day.

One little baby left on the grass to play.

DIFLANNODD un plentyn bychan

ar ei ben ei hun,

And if one little baby should start to disappear . . .

Does dim un plentyn bychan ar ôl i lenwi'r llun.

There'll be no little babies left on the grass to play.

Deg plentyn bychan, ble maen nhw wedi mynd?

Deg plentyn bychan, a wnei di chwilio, ffrind?

Ten little babies, where can they all be?

Ten little babies, shall we count and see?

Un, dau, tri, pedwar, pump,

Chwech, saith, wyth, naw, deg – hwrê

Deg plentyn bychan – pob un yn ôl i'w le!

One, two, three, four, five, six, seven, eight, nine, ten.

Ten little babies collected up again.

Deg plentyn bychan, mae wedi mynd yn hwyr,

Deg plentyn bychan wedi blino'n llwyr,

Ten little babies, it's time they went to bed.

Ten little babies, little sleepyheads.

DEG plentyn bychan ... *SHHHH*

'rôl chwarae drwy'r prynhawn,

If we're very quiet . . . shhhh . . .

and no one makes a peep . . .

DEG plentyn bychan yn cysgu'n dawel iawn.
There'll be ten little babies all in their cots asleep.